Camiones militares

Julie Murray

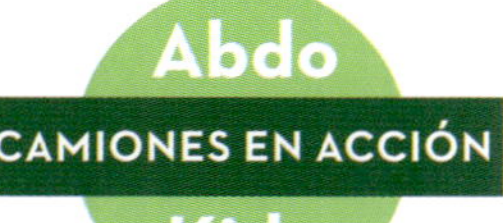

Abdo Kids Junior es una
subdivisión de Abdo Kids
abdobooks.com

abdobooks.com

Published by Abdo Kids, a division of ABDO, P.O. Box 398166, Minneapolis, Minnesota 55439.
Copyright © 2025 by Abdo Consulting Group, Inc. International copyrights reserved in all countries.
No part of this book may be reproduced in any form without written permission from the publisher.
Abdo Kids Junior™ is a trademark and logo of Abdo Kids.

Printed in China

102024

012025

Spanish Translator: Maria Puchol

Photo Credits: Getty Images, Shutterstock, US Army, US Navy, ©mark6mauno p.7/ CC BY 2.0,
©U.S. Pacific Fleet p.11/ CC BY-NC 2.0, ©The JIDA p.22/ CC BY-NC 2.0, ©U.S. Pacific Fleet p.22/ CC BY-NC 2.0,
©U.S. Indo-Pacific Command p.22/ CC BY-NC-ND 2.0, ©New York National Guard p.22/ CC BY-ND 2.0

Production Contributors: Teddy Borth, Jennie Forsberg, Grace Hansen

Design Contributors: Candice Keimig, Pakou Moua

Library of Congress Control Number: 2024939034

Publisher's Cataloging-in-Publication Data

Names: Murray, Julie, author.

Title: Camiones militares/ by Julie Murray.

Other title: Military trucks. Spanish

Description: Minneapolis, Minnesota: Abdo Kids, 2025. | Series: Camiones en acción | Includes online
    resources and index

Identifiers: ISBN 9798384904281 (lib.bdg.) | ISBN 9798384904847 (ebook)

Subjects: LCSH: Trucks--Juvenile literature. | Vehicles--Juvenile literature. | Military transportation--
    Juvenile literature. | Spanish language materials--Juvenile literature.

Classification: DDC 388.32--dc23

Contenido

Camiones militares

Existen muchos tipos de camiones militares. Cada uno tiene una utilidad diferente.

Algunos llevan **suministros**.

Camión Oshkosh HEMTT

Otros son capaces de moverse
por caminos **abruptos**.

8

9

¡Los hay que pueden
meterse en el agua!

11

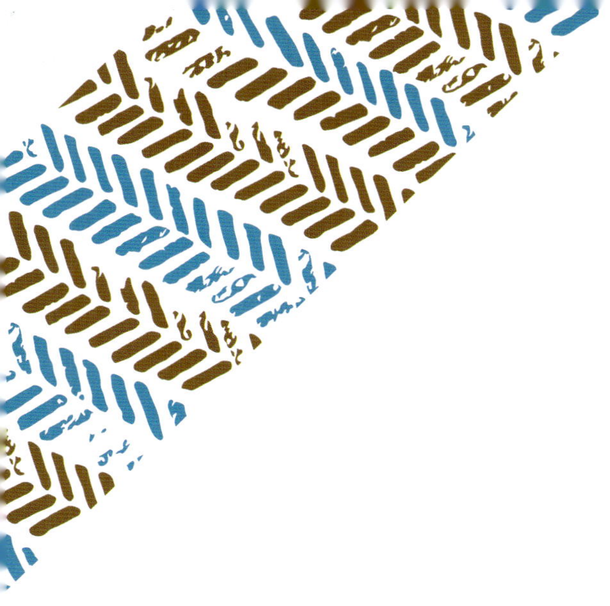

Algunos trasladan soldados

de un lugar a otro.

Humvee - Vehículo militar multipropósito (HMMWV)

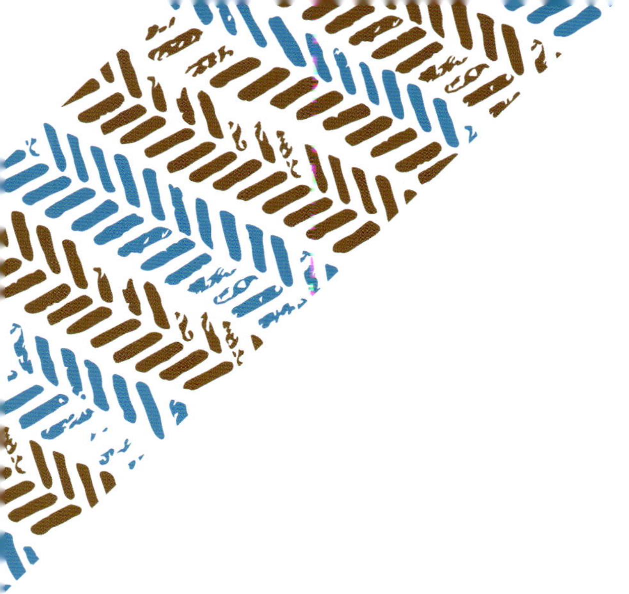

Otros están **blindados** para proteger a los soldados.

Cougar 6x6 MRAP
15

Los vehículos de combate son para **combatir**.

LAV-25 (Vehículo blindado)

Los hay sin conductor. Están dirigidos a control remoto.

Lanzadera autónoma multidominio

¿Has visto alguno de
estos camiones?

Camión de carga M923A1

Otros camiones militares

Buffalo MPV (Vehículo protegido contra minas)

Remolque

Stryker

Vehículo Táctico Medio de Reemplazo (MTVR)

Glosario

abrupto
quebrado o de difícil acceso.

blindaje
revestimiento que protege a los
vehículos de ataques con armas.

combatir
luchar.

suministro
equipamiento, material esencial.

Índice

¡Visita nuestra página **abdokids.com** y usa este código para tener acceso a juegos, manualidades, videos y mucho más!

Los recursos de internet están en inglés.